Friedrich Dietz

QUIZBUCH RELIGION

Spiel
Spaß
Information

Verlag Parzeller/Butzon & Bercker

Edition Erlebnis Glaube

ISBN 3 7900 0175 9 (Parzeller)
ISBN 3 7666 9595 9 (Butzon & Bercker)
2. Auflage 1989
© by Verlag Parzeller, Fulda, 1988
in Gemeinschaft mit
Verlag Butzon & Bercker, Kevelaer
Text: Friedrich Dietz
Mitgearbeitet haben: Bernhard Diel, Christoph Omenzetter
Gesamtherstellung: Druckerei Parzeller, Fulda
Printed in Germany

Mit den Jungen des Bischöflichen Konvikts in Fulda hat der Verfasser in den letzten Jahren immer wieder an Quizabenden Freude gehabt; gegen sie trat eine Gruppe von Jugendlichen aus der benachbarten Pfarrgemeinde St. Antonius in Künzell an. Aus diesen Abenden ist das QUIZBUCH RELIGION entstanden.

Wie halten wir unseren Quizabend?

Unser Spiel soll nicht zur Ausfragerei werden. Deshalb bilden wir drei Gruppen; die Reihenfolge der Fragen wird ausgelost; jede Gruppe hat einen Sprecher, der - nach einiger Diskussion innerhalb der Gruppe - die verbindliche Antwort gibt. Die erste der drei Fragen gilt als die leichte, die dritte als schwer.

Die Antwort besteht im allgemeinen aus einem Wort. Somit ist sie indiskutabel richtig oder falsch. Für die richtige Antwort erhält die Gruppe einen Punkt.

Es stellte sich bald heraus, daß die beiden Gruppen, die nicht "an der Reihe" waren, dem Spiel auch nicht folgten. Dem helfen wir so ab, daß auf das Stichwort "QUICKY", sobald die gefragte Gruppe offenbar die richtige Antwort schuldig bleibt, alle gefragt sind. Wer dann das richtige Wort zuerst ruft, gewinnt für seine Gruppe einen zusätzlichen Punkt.

Die Fragen sollen stets etwas über dem liegen, was jeder weiß. Anders ist beim Quiz nichts zu lernen. Aber die Fragen sollen auch nicht allzu sehr über dem vermuteten Wissen liegen, sonst wird die Sache langweilig.

Das QUIZBUCH gibt stets ausführliche Erläuterungen zur Antwort. Diese sollen dem Quizmaster helfen, Fragen zu beantworten oder über das Thema ins Gespräch zu kommen. Das mag vor allem für den Gebrauch des Buches im Religionsunterricht gelten.

Wir freuen uns, wenn das Buch eifrig benutzt wird und wenn alle ebenso viel Spaß am Quiz finden wie wir.

Künzell, im Juli 1981

Friedrich Dietz

Inhalt

Gottesdienst	S. 7
Kirchenjahr	S. 9
Unser Gotteshaus	S. 11
Kirchliche Organisation	S. 13
Der Papst	S. 15
Begriffe aus dem AT	S. 17
Männer aus dem AT	S. 19
Zitate aus dem AT	S. 21
Geographie im NT	S. 23
Jesus hat gesagt	S. 25
Gleichnisreden Jesu	S. 27
Zitate aus dem NT	S. 29
Männer und Frauen in den Evangelien	S. 31
Tiere in der Bibel	S. 33
Redensarten aus der Bibel (I)	S. 35
Redensarten aus der Bibel (II)	S. 37
Heilige	S. 39
Darstellung von Heiligen	S. 41
Schutzpatrone	S. 43
Nach Heiligen benannt	S. 45
Männer, die man kennen sollte	S. 47
Geographie katholisch	S. 49
Bedeutende Kirchen	S. 51
Stätten der Kirchengeschichte	S. 53
Wichtige Jahreszahlen	S. 55
Christentum im deutschen Osten	S. 57
Getrennte Kirchen	S. 59
Biblische Gestalten	S. 61
Zwölf Apostel	S. 75
Christliche Kunst	S. 77
Christliche Symbole	S. 79
Östliche Religionen	S. 81
Philosophie	S. 83
Germanischer Glaube	S. 85
Urkirche	S. 87
Deutsche Heilige	S. 90
Von wem was?	S. 91
Aus einer Reisebeschreibung	S. 93
Nicht ernst gemeint	S. 95

Gottesdienst

1. Feierliche, gesungene Messe, besonders an Sonn- und Feiertagen -

2. Gebets-Anrufe, die die Gemeinde mit stets gleichen Worten beantwortet -

3. Feier der ersten Messe eines neugeweihten Priesters -

---

4. *Titel des Gesang- und Gebetbuches aller Bistümer im deutschen Sprachgebiet* -

5. *Einstimmiger alter Gesang (auch ohne Orgelbegleitung) im freien Rhythmus, lateinisch oder deutsch* -

6. *Totenmesse, nach dem ersten Wort des Textes benannt* -

---

7. Bittgang oder Umzug an bestimmten Tagen des Kirchenjahres -

8. Gebetbuch zu den einzelnen Tagzeiten für Priester und Ordensleute -

9. Mehrtägige Besinnungs- oder Einkehrtage, geistliche "Übungen" -

1. HOCHAMT

2. LITANEI. In der katholischen Kirche Anrufungen Gottes und der Heiligen, z. B. Allerheiligenlitanei ("Bitte für uns!").

3. PRIMIZ

---

4. *GOTTESLOB*

5. *CHORAL, vor allem "Gregorianischer Choral", auf Papst Gregor d. Gr. (um 600) zurückgehend.*

6. *REQUIEM. (Requiem aeternam dona eis, domine)*

---

7. PROZESSION, z. B. Palm-, Lichter- oder Feuerprozession, besonders Fronleichnamsprozession.

8. BREVIER, von lat. brevis = kurz, aus Psalmen, Lesungen und Gebeten; (auch allgemein: Schrift aus Auszügen).

9. EXERZITIEN

Kirchenjahr

1. Mit welchem Tag beginnt die Fastenzeit?

2. Welches Fest wird 40 Tage nach Ostern gefeiert?

3. Wie heißt (in der abendländischen Kirche) der Sonntag nach dem 1. Frühjahrsvollmond?

----

4. Wie heißt der Donnerstag vor dem Osterfest?

5. Wie heißt der Sonntag nach Ostern, häufig Sonntag der Erstkommunion?

6. Wann wird das Taufwasser geweiht?

----

7. Wie nennt man den Gottesdienst in der Weihnachtsnacht?

8. Wie heißt der Sonntag vor Ostern?

9. Wie wird das Fest der Darstellung Jesu im Tempel (am 2. Februar) volkstümlich genannt?

1. ASCHERMITTWOCH. Gottesdienst mit Aschenweihe und Erteilung des Aschenkreuzes.

2. CHRISTI HIMMELFAHRT. Letzte Erscheinung Jesu und Aussendung der Apostel.

3. OSTERN, zwischen dem 22. März und 25. April. Fest des Auszugs aus Ägypten im AT, für die Christen das höchste Fest, die Auferstehung Jesu.

---

4. *GRÜNDONNERSTAG. Erinnerung an die Einsetzung des Altarsakraments. Ölweihe. (greinen = weinen)*

5. *WEISSER SONNTAG. Die zu Ostern Neugetauften legten am Sonntag danach das weiße Taufkleid ab. Seit dem 17./18. Jahrhundert Tag der Erstkommunion.*

6. *In der OSTERNACHT. Indes kann die Taufe auch mit ungeweihtem ("natürlichem") Wasser gültig gespendet werden.*

---

7. CHRISTMETTE. Ursprünglich am frühen Morgen, Matutina=Morgen.

8. PALMSONNTAG. Gottesdienst mit Palmweihe und Prozession zur Erinnerung an den Einzug Jesu in Jerusalem. Beginn der Karwoche.

9. LICHTMESS, Gottesdienst mit Kerzenweihe und Lichterprozession.

Unser Gotteshaus

1. Gehäuse zur Aufbewahrung des heiligen Brotes -

2. Langhaus der Kirche, von dem der Altarraum abgetrennt ist; dasselbe oft auch seitlich oder quer -

3. Viereckiger Anbau an einer Kirche, meistens mit Wölbungen und offen zum Innenhof -

---

4. Raum an der Kirche zur Vorbereitung der Gottesdienste und Aufbewahrung von Gewändern und Geräten -

5. Schaugefäß, in dem das heilige Brot auf dem Altar oder bei Prozessionen gezeigt wird -

6. Erhöhte Galerie, an den Seiten oder im Hintergrund der Kirche, oft für Orgel oder Sänger genutzt -

---

7. Immer brennende Öllampe vor dem Altarsakrament -

8. Unterirdische Anlage, meist unter dem Altarraum, oft zur Bestattung von Heiligen angelegt -

9. Altarraum, meist nach Osten gerichtet und zum Laienraum hin abgetrennt -

1. TABERNAKEL (lateinisch: tabernaculum = Zelt), in der Gotik das "Sakramentshäuschen"

2. SCHIFF, Mittel-, Seiten-, Querschiff

3. KREUZGANG

---

4. *SAKRISTEI, vom Küster (lateinisch: custos = Wächter) oder Sakristan verwaltet*

5. *MONSTRANZ (von monstrare = zeigen)*

6. EMPORE

---

7. EWIGES LICHT

8. KRYPTA

9. Das CHOR; Chorgestühle, Chorschranken ("Lettner")

Kirchliche Organisation

1. Amtsbezirk eines Bischofs

2. Geistlicher an der Spitze einer Kirchenprovinz, d. h. mehrerer Bistümer

3. Hilfswerk der deutschen Katholiken gegen Hunger und Krankheit in der Dritten Welt

----

4. *Hilfsgeistlicher eines Pfarrers*

5. *Stellvertreter des Bischofs, Leiter der bischöflichen Verwaltung*

6. *Hilfswerk der deutschen Katholiken für die Kirche in Südamerika*

----

7. Vertreter des Bischofs für die Erteilung von Weihen

8. Vorsteher eines Kirchensprengels, d. h. mehrerer Pfarreien

9. Hilfswerk der deutschen Katholiken für die Ausbreitung des Glaubens

1. BISTUM oder DIÖZESE

2. ERZBISCHOF

3. MISEREOR. Lateinisch = "mich erbarmt des Volkes", sagte Jesus. (Ev.: Brot für die Welt)

---

4. KAPLAN; heute selten, auch "Vikar" genannt.

5. GENERALVIKAR

6. ADVENIAT. Lateinisch = es komme (dein Reich), aus dem Vaterunser

---

7. WEIHBISCHOF. Weihen heißt: eine Person oder eine Sache (z. B. Gotteshaus) zum besonderen Dienst für Gott bestimmen.

8. DEKAN oder DECHANT (von den Pfarrern gewählt und vom Bischof bestätigt)

9. MISSIO. Zentrale in Aachen

Der Papst

1. Von wem wird der Papst gewählt?

2. Wie heißt die Papstwahlversammlung?

3. Wie nennt man den Vorrang des Papstes über alle Bischöfe der katholischen Kirche?

---

4. Wie heißt die "Allgemeine Kirchenversammlung" aller Bischöfe unter dem Vorsitz des Papstes?

5. Wie nennt man einen Vertrag zwischen der katholischen Kirche und einem Staat?

6. Wie heißt ein Rundschreiben des Papstes an alle Bischöfe und die gesamte Kirche?

---

7. Wie heißt das Hoheitsgebiet des Papstes in Rom?

8. Wie heißt der päpstliche Botschafter bei einer Regierung?

9. Wie heißt die Tageszeitung des Vatikans?

1. Von den KARDINÄLEN; diese werden vom Papst frei ernannt, außerhalb Roms meist die Bischöfe in bestimmten Städten, in der Bundesrepublik in Köln und München.

2. KONKLAVE. Der Name kommt von dem streng abgeschlossenen Raum, in dem die Wahl stattfindet. Der Papst wird gewählt mit 2/3 + 1 Stimme der Wähler.

3. PRIMAT. Der Papst besitzt höchste Autorität in Sachen der Glaubens- und Sittenlehre sowie der kirchlichen Disziplin und Verwaltung, die von Petrus auf die Bischöfe von Rom überging.

---

4. *KONZIL. Bisher 21, das letzte, das 2. Vatikanische Konzil, von 1962 bis 1965.*

5. *KONKORDAT. Das 1933 zwischen der Hitlerregierung und dem Vatikan abgeschlossene Reichskonkordat ist nach einem Urteil des Bundesverfassungsgerichts in der Bundesrepublik geltendes Recht. Daneben sogenannte "Staatsverträge" mit den Bundesländern.*

6. *ENZYKLIKA. Trägt als Titel die ersten Worte des lateinischen Textes, z. B. Humanae Vitae, Rerum Novarum.*

---

7. Der VATIKAN war ursprünglich ein Hügel bei Rom, auf dem über dem Grab des Petrus die erste Peterskirche erbaut wurde. Die Vatikanstadt, mit 55.000 m^2 der kleinste Staat der Welt, ist heute Residenz des Papstes (früher: Kirchenstaat).

8. NUNTIUS. Amtssitz "Nuntiatur".

9. OSSERVATORE ROMANO, gegründet 1861.

Begriffe aus dem Alten Testament

1. Hebräisches Wort als Bekräftigung am Schluß -

2. Jüdischer Gesetzeslehrer, im NT auch Anrede für Jesus -

3. Anderer Name für die Israeliten, z. B. bei den Ägyptern, davon die Sprache der Juden -

----

4. *Religiöses Lied, besonders 150 Gedichte im Alten Testament -*

5. *Hebräischer Gebetsruf, soviel wie "Lobet Gott", besonders Ostern -*

6. *Zeichen am Himmel für den Bund zwischen Gott und Noah -*

----

7. Die Israeliten aßen auf der Wüstenwanderung eine brotartige Speise -

8. Gottesname im AT, den Gott Mose offenbarte -

9. Zeichen des Bundes zwischen Gott und Abraham, am 8. Tag nach der Geburt jedes Knaben -

1. AMEN = So soll es sein!

2. RABBI (= Lehrer, Meister)

3. HEBRÄER. Im NT auch die Judenchristen in Palästina (Hebräerbrief)

---

4. PSALM. *Die Überlieferung schreibt David die meisten zu.*

5. ALLELUJA

6. *Der REGENBOGEN*

---

7. MANNA. Eingetrockneter Saft der Manna-Esche. Wurde zum Vorbild des eucharistischen Brotes.

8. JAHWE (sprich: jachweh), bedeutet "Ich bin für euch da", durfte nicht ausgesprochen werden.

9. BESCHNEIDUNG. Auch beim Islam und vielen Naturvölkern.

Männer aus dem Alten Testament

1. Enkel des Abraham, der sich von seinem Bruder das Erstgeburtsrecht erkaufte.

2. Einer der 12 Söhne Jakobs, durch den seine Sippe nach Ägypten kam und zum Volk Israel heranwuchs.

3. Richter in Israel, dessen Kraft von den ungeschorenen Haaren abhing.

----

4. *Größter König von Israel, begann den ersten Tempelbau in Jerusalem.*

5. *König von Israel, dessen Weisheit sprichwörtlich geworden ist.*

6. *Bruder des Mose, Hoherpriester auf dem Wüstenzug.*

----

7. Urvater von sagenhaftem Lebensalter (sprichwörtlich: so alt wie ...).

8. 3. Sohn Jakobs, aus dessen Stamm allein die Priester kamen.

9. Erster König von Israel, tötete sich selbst nach der Niederlage gegen die Philister, sein Nachfolger war David.

1. JAKOB. Genesis, 25,27-34 (Linsengericht), 27,1-40 (Segen des Isaak).

2. JOSEPH. Genesis 37. Kapitel.

3. SIMSON (auch Samson). Buch der Richter, Kapitel 16.

---

4. *DAVID, um 1000v. Chr., besiegte die Philister (Goliath-Geschichte) und begründete die Vormachtstellung Israels.*

5. *SALOMON, Sohn des David, seit 972 v. Chr. König, vollendete den Tempelbau.*

6. AARON (Stab des Aaron)

---

7. METHUSALEM, mit "969 Jahren" der älteste Mensch (Genesis 5,27).

8. LEVI (Buch Leviticus), daher: Leviten = Angehöriger des Priesterstammes. Auch: Diakon im feierlichen Hochamt (Levitenamt).

9. SAUL (im 11. Jahrhundert vor Christus), von Samuel gesalbt (1 Samuel Kapitel 9 ff.).

Zitate aus dem Alten Testament

WER SAGTE:

1. Die Frau gab mir davon, und so habe ich gegessen.

2. Mein Gott hat seinen Engel gesandt und den Rachen der Löwen verschlossen.

3. Du kommst zu mir mit Schwert und Speer, ich aber komme zu dir im Namen des Herrn.

----

4. *Nimm deinen Sohn und bring ihn als Opfer dar.*

5. *Wir wollen uns einen Namen machen, dann werden wir uns nicht über die ganze Erde zerstreuen.*

6. *Leg deine Schuhe ab; denn der Ort, wo du stehst, ist heiliger Boden.*

----

7. In meinem Traum sah ich sieben wohlgenährte Kühe aus dem Nil steigen.

8. Bin ich der Hüter meines Bruders?

9. Die Stimme ist die deines Bruders, doch die Hände sind deine Hände.

1. ADAM zu Gott, nachdem er von der verbotenen Frucht gegessen hatte (Gen 3,12).

2. DANIEL nach seiner Errettung aus der Löwengrube zum König Darius (Dan 6,23).

3. Der junge DAVID zu Goliath, einem Krieger der Philister, der ihn zum Kampf herausforderte (1 Sam 17,45).

---

4. *GOTT zu Abraham, der seinen Sohn Isaak zu opfern bereit ist (Gen 22,2).*

5. *Die Bewohner von BABYLON beschließen, einen Turm zu bauen, um Gott zu trotzen (Gen 11,4).*

6. *GOTT zu Mose, der sich dem brennenden Dornbusch nähert (Gen 3,5).*

---

7. Der PHARAO zu Josef, der ihm seinen Traum deutet (Gen 41,17).

8. KAIN zu Gott, nachdem er seinen Bruder erschlagen hatte, auf die Frage Gottes: Wo ist dein Bruder Abel? (Gen 4,9)

9. ISAAK zu seinem Sohn Jakob, der sich als Esau ausgab, um von seinem Vater den Erstgeburtssegen zu erlangen (Gen 27,22).

Geographie im Neuen Testament

1. An welchem im NT oft genannten See lagen die Städte Kafarnaum und Tiberias?

2. Wie hieß der Garten am Fuß des Ölbergs bei Jerusalem, in dem Jesus verhaftet wurde?

3. In welcher griechisch-römischen Hafenstadt in der heutigen Türkei wirkten die beiden Apostel Johannes und Paulus?

---

4. Wie heißt der Ort in Galiläa, in dem Jesus auf einer Hochzeit Wasser in Wein verwandelte?

5. Wie hieß der Ort der Kreuzigung Jesu in Jerusalem?

6. Wie heißt die griechische Insel, auf die der Apostel Johannes verbannt war? Er schrieb dort die "Geheime Offenbarung".

---

7. Welche Stadt in Syrien wird in der Bekehrungsgeschichte des Apostels Paulus genannt?

8. Wie heißt der Ort, 11 km von Jerusalem entfernt, zu dem zwei Jünger unterwegs waren, als ihnen der auferstandene Jesus erschien?

9. Wie heißt die biblische Stadt der Thessalonicher, an die der Apostel Paulus 2 Briefe schrieb, heute?

1. Am See Genesaret, auch See von Tiberias oder Galiläisches Meer genannt, vom Jordan durchflossen, 21 km lang, 208 m unter dem Meeresspiegel (Mk 1,16).

2. Getsemani (vgl. Mk 14,32).

3. In Ephesus. Paulus schrieb einen Brief an die Gemeinde von Ephesus; Johannes fand dort sein Grab. 431 Konzil von Ephesus. Heute großes Ausgrabungsfeld (vgl. Apg 19,1-20,1).

---

4. *Kana (Jo 2,1-12), in der Nähe von Nazaret.*

5. *Golgota (Schädel), heute von der Grabeskirche überbaut; auch Kalvarienberg genannt (vgl. Mk 15,22).*

6. *Patmos (in der Inselgruppe der Sporaden), 40 km^2 groß (vgl. Offb 1,9).*
   Die Geheime Offenbarung (Apokalypse) ist das letzte und das einzige prophetische Buch des Neuen Testaments.

---

7. Damaskus (vgl. Apg 9. Kap.), damals eine blühende Handelsstadt, heute Hauptstadt von Syrien ("Damaskus-Erlebnis").

8. Emmaus (vgl. Lk 24,13-35). Die genaue Lage des Ortes ist umstritten.

9. Saloniki (Thessalonike) im Norden Griechenlands, heute 350.000 Einwohner.

Jesus hat gesagt

1. Wer von euch ohne Schuld ist, der werfe den ersten Stein -

2. Kein Prophet gilt etwas in seiner Vaterstadt -

3. Wohl denen, die vor Gott arm sind, denn ihnen gehört das Himmelreich -

----

4. *Selig, die nicht sehen und doch glauben -*

5. *Der Geist ist willig, aber das Fleisch ist schwach -*

6. *Du machst dir viele Sorgen und Mühen. Aber nur eins ist notwendig -*

----

7. Vater, vergib ihnen, denn sie wissen nicht, was sie tun -

8. Geht hinaus in die ganze Welt und verkündet das Evangelium -

9. Was ihr für einen meiner geringsten Brüder getan habt, das habt ihr für mich getan -

1. Als die EHEBRECHERIN gesteinigt werden sollte (Jo 8,7).

2. Jesus in NAZARET (Mk 6,4)

3. Bei der BERGPREDIGT. Die erste der acht Seligpreisungen (Mt 5,3). Früher: Selig die Armen im Geiste.

---

4. *Der Auferstandene zu THOMAS (Joh 20,29)*

5. *Im ÖLGARTEN zu Petrus und den schlafenden Jüngern (Mk 14,38).*

6. *Zu MARTA, die Jesus bewirtet, während ihre Schwester Maria ihm zuhört (Lk 10,38).*

---

7. Jesus betete für die, die ihn KREUZIGTEN (Lk 23,34).

8. Bei der HIMMELFAHRT (Mk 16,15)

9. In der Rede vom WELTGERICHT (Mt 25,40)

Gleichnisreden Jesu

1. Die Gemeinde Jesu soll die menschliche Gesellschaft "genießbar" machen. Jesus vergleicht sie deshalb mit einem Gewürz.

2. Gut und Böse gedeihen auf dieser Welt wie das Unkraut auf dem Acker. Was hatte der Mann auf den Acker gesät?

3. Zu einem Hochzeitsmahl sind alle eingeladen. Aber dann wird einer der Gäste hinausgeworfen. Was fehlte ihm?

---

4. *Ein Pharisäer ging vorne in den Tempel und betete: "Ich danke dir, daß ich nicht bin wie die anderen". Ein anderer Mensch stand ganz hinten und sprach: "Gott sei mir Sünder gnädig". Was war der zweite von Beruf?*

5. *Gott ist wie ein Tierzüchter, der jedem einzelnen seiner Tiere nachgeht, wenn es sich verirrt. Welche Tiere hat er?*

6. *Jesus vergleicht das Reich Gottes mit einem Samenkorn, das für das kleinste gehalten wurde und doch zu einem Baum wächst, in dem Vögel nisten.*

---

7. Ein Reicher ist zu vergleichen mit einem Lasttier, das man durch eine enge Tür nicht hindurchtreiben kann. Von welchem Tier spricht Jesus?

8. Ein Arbeitgeber belohnt seine Taglöhner alle gleich, ob sie eine Stunde oder einen Tag gearbeitet haben. Wo ließ er sie arbeiten?

9. Ein Mann ging auf Reisen und vertraute seinen Dienern sein Vermögen an. In welcher Geldeinheit gab er ihnen das?

1. Mit dem SALZ (Mk 9,49 u. a.). "Ihr seid das Salz der Erde".

2. WEIZEN (Mt 13,24 ff.). Laßt beides wachsen bis zur Ernte, sagt Jesus.

3. Das FESTGEWAND (Mt 22,12); es wurde wohl allen Gästen beim Eintreten geschenkt.

---

4. *ZÖLLNER (Lk 18,9-14). Zöllner waren besonders verhaßt, weil sie für die Besatzungsmacht Steuern eintrieben. "Wer sich selbst erhöht, wird erniedrigt werden..."*

5. *SCHAFE (Mt 18,12). Der Hirte läßt 99 in der Wüste und sucht das eine verlorene.*

6. *SENFKORN (Mk 4,30). "Die Vögel des Himmels wohnen in seinen Zweigen".*

---

7. Vom KAMEL (Mt 19,24), es geht durch kein Nadelöhr (möglicherweise die Fußgängerpforte am Stadttor).

8. Im WEINBERG (Mt 20,1-16) - "So werden die Letzten die Ersten sein und die Ersten die Letzten."

9. In TALENTEN (Mt 18,24). 1 Talent = 6000 Drachmen = 41 kg Edelmetall (Talent seitdem = Begabung).

Zitate aus dem Neuen Testament

1. Denke an mich, wenn du in dein Reich kommst.

2. Sie haben keinen Wein mehr.

3. Wer zwei Röcke hat, der gebe dem einen, der keinen hat.

---

4. *Was ich geschrieben habe, bleibt geschrieben.*

5. *Das war wirklich Gottes Sohn.*

6. *Was steht ihr hier und schaut zum Himmel hinauf?*

---

7. Herr, ich bin nicht wert, daß du mein Haus betrittst.

8. Wo ist der neugeborene König der Juden?

9. Es ist gut, daß wir hier sind. Wir wollen drei Hütten bauen.

1. Der VERBRECHER ("Schächer"), der zur Rechten Jesu am Kreuz hingerichtet wurde. Nach der Überlieferung hieß er Dismas (Lk 23,42).

2. MARIA zu Jesus auf der Hochzeit von Kana (Jo 2,3)

3. JOHANNES DER TÄUFER – zum Volk am Jordan (Lk 3,11)

---

4. *PILATUS zu den Hohenpriestern, die die Kreuzinschrift geändert haben wollen (Joh 19,22).*

5. *Der RÖMISCHE HAUPTMANN neben dem Kreuz Jesu (Mt 27,54)*

6. *ZWEI ENGEL zu den Aposteln bei der Himmelfahrt Jesu (Apg 1,11)*

---

7. Der HAUPTMANN VON KAFARNAUM, in älterer Fassung in der Messe (Mt 8,8).

8. Die WEISEN AUS DEM MORGENLAND in Jerusalem ("... wir haben seinen Stern gesehen".) (Mt 2,2)

9. PETRUS zu Jesus auf dem Berg der Verklärung (drei Hütten: für Jesus, Mose und Elija) (Mk 9,5)

Männer und Frauen in den Evangelien

1. Ein Zollaufseher stieg, um Jesus zu sehen, auf einen Baum. Jesus blieb bei ihm zu Gast -

2. Der Hohepriester, der Jesus verhörte und falsche Zeugen gegen ihn auftreten ließ -

3. Einer der zwölf Apostel war der Meinung, Jesus habe ihn am liebsten gehabt. Am Kreuz vertraute er ihm seine Mutter Maria an.

---

4. *Die Soldaten, die Jesus zur Kreuzigung führten, zwangen einen Bauern, der zufällig daherkam, ihm das Kreuz tragen zu helfen -*

5. *Maria, die Mutter Jesu, besuchte ihre Kusine, die Mutter Johannes des Täufers -*

6. *Von einem Apostel erzählt das Evangelium, Jesus habe seine Schwiegermutter geheilt. Mithin war er (vielleicht als einziger Apostel) verheiratet -*

---

7. Die Juden forderten von Pilatus die Freilassung eines Verbrechers anstelle von Jesus -

8. Den Bruder von Maria und Martha nannte Jesus seinen "Freund"; das Evangelium erzählt, er habe ihn nach drei Tagen von den Toten erweckt.

9. Welche Frau fand das Grab Jesu leer?

1. ZACHÄUS - Lk 19,1-10

2. KAJAFAS (Kaiphas) - Mt 26,57 und Joh 18,13

3. JOHANNES, Joh 19,26.27. Verfasser des Johannes-Evangeliums, dreier Johannesbriefe und der Geheimen Offenbarung.

---

4. *SIMON VON CYRENE - Mk 15,20/Lk 23,26/Mt 27,32, also in den drei synoptischen Evangelien erwähnt.*

5. *ELISABETH, die Frau des Priesters Zacharias, Lk 1,5ff.*

6. *PETRUS, Mt 8,14/Mk 1,30/Lk 4,38 - also synoptisch belegt.*

---

7. BARRABAS, Mt 27,16/Mk 15,7/Lk 23,18/Joh 18,40: "Aufrührer", "Räuber", "Mörder".

8. LAZARUS (von Bethanien), Joh 11,1-44

9. MARIA AUS MAGDALA (Magdalena) - Mk 16,9. Auch in den anderen Evangelien wird sie genannt.

Tiere in der Bibel

1. An der ersten Sünde der Menschen trug ein Tier die Mitschuld.

2. Vogel, der einen der vier Evangelisten versinnbildet -

3. Tierische Nahrung Johannes des Täufers in der Wüste -

----

4. Johannes der Täufer vergleicht Jesus mit einem Tier, das geopfert werden soll.

5. Bei einer Traumdeutung im AT spielen zweimal sieben Tiere eine große Rolle.

6. Ein Tier tritt als Opfertier an die Stelle des eigenen Sohnes, den der Vater opfern soll.

----

7. Vogel, der den Verrat eines Apostels anzeigte -

8. Ein Vogel stellte fest, daß nach der Sintflut das trockene Land wieder erschien.

9. Tier, das von den Juden auf der Sinaiwanderung aus Erz gegossen und angebetet wurde -

1. SCHLANGE. Gen 3. Kap.: "Die Schlange war listiger als alle Tiere." Sie gab Eva die verbotene Frucht zu essen.

2. ADLER (Offb 4,7), eins der vier "Wesen" vor dem Thron Gottes (Löwe, Stier, Mensch).

3. HEUSCHRECKEN (Mk 1,6)

---

4. *"LAMM GOTTES, das die Sünde der Welt hinwegnimmt" (Joh 1,36).*

5. *KÜHE (Gen 41. Kap.). Josef deutet den Traum des Pharao von den 7 fetten und 7 mageren Kühen.*

6. *WIDDER (Gen 22,13). Abraham soll seinen Sohn Isaak opfern.*

---

7. HAHN (Mt 26,34), der dreimal krähte, als Petrus den Herrn verriet.

8. TAUBE (Gen 8. Kap.), kehrte mit einem grünen Zweig in die Arche zurück.

9. KALB (Ex 32. Kap.), das "goldene Kalb" (auch 1 Chr 12,28), Sinnbild der Fruchtbarkeit.

Redensarten aus der Bibel (I)

1. Im AT wird von der Weisheit eines Königs berichtet, die sprichwörtlich wurde. Seitdem heißt ein weiser Richterspruch -

2. Der Schlagertext "O Susanna, wie ist das Leben schön" ist von einem jüdischen Jubelruf genommen -

3. In der Geheimen Offenbarung wird ein geheimnisvolles, versiegeltes Buch geöffnet. Seitdem ist eine Sache, die man nur schwer versteht -

----

4. In einem Buch des AT wird vom zweitjüngsten Sohn Jakobs berichtet, der, nach Ägypten verkauft, sich schließlich mit seinen Brüdern versöhnt. Dabei spielt der jüngste Bruder, das "Nesthäkchen", eine besondere Rolle. Seitdem heißt der Jüngste in einer Familie -

5. In der Geheimen Offenbarung wird Christus als "Anfang und Ende" (nach dem griechischen Alphabet) bezeichnet. Seitdem sagt man für: das Wesentliche, das Wichtigste an einer Sache -

6. Im AT verkauft Esau um einen sehr billigen Preis sein Erstgeburtsrecht an seinen Bruder Jakob. Seitdem nennt man "etwas leichtfertig hergeben", es verkaufen für ein -

----

7. Aus einem Verfolger der christlichen Gemeinde wurde ein begeisterter Heidenmissionar. Seitdem sagt man, wenn einer seine alte Meinung wechselt und vom Gegner zum Verteidiger wird -

8. Ein Jünger Jesu mißbrauchte das Zeichen der Freundschaft zum Verrat. Seitdem nennt man ein heuchlerisches Freundschaftszeichen -

9. Die Israeliten fertigten in der Wüste ein Götzenbild an und beten es an. Seitdem heißt vor etwas, das man Gott gleichsetzt, einen Kniefall tun -

1. SALOMONISCH. Salomon, Nachfolger Davids, etwa 972 v. Chr. König von Israel (1 Kön 3. Kapitel). Beispiel für seine Weisheit: 1 Kön 3,16ff.

2. HOSANNA. Auch im NT und in der Messe.

3. EIN BUCH MIT SIEBEN SIEGELN. Apk 5,1-14

---

4. *BENJAMIN. Vgl. Genesis, Kapitel 43 und 44. Joseph und Benjamin waren Söhne derselben Mutter.*

5. *DAS A UND O. Alpha und Omega sind erster und letzter Buchstabe des griechischen Alphabets. Apk 1,8*

6. *"LINSENGERICHT". Das Erstgeburtsrecht bedeutete, den Stamm anführen, aber auch: in die Ahnenreihe des Messias gezählt werden.*

---

7. AUS EINEM SAULUS WIRD EIN PAULUS (Apg 9. Kapitel).

8. JUDASKUSS. Judas verriet Jesus für 30 Silberstücke (Judaslohn).

9. UMS GOLDENE KALB TANZEN (Ex 32. Kapitel). Das Kalb war ein Macht- und Fruchtbarkeitsidol. Moses zerstörte es.

Redensarten aus der Bibel (II)

1. Ein Jünger Jesu weigert sich, an die Nachricht von der Auferstehung zu glauben. Seitdem heißt ein Mensch voller Zweifel, der nur glaubt, was er gesehen hat -

2. Jesus wurde bei seiner Verurteilung vom Hohenpriester zum römischen Prokurator gebracht, von diesem zum jüdischen König und wieder zurück. Seitdem heißt Hin- und Herlaufen, von einem Amt zum andern -

3. Jesus sagte, vom Gesetz werde nicht die geringste Kleinigkeit verlorengehen. Seitdem sagt man für "kein bißchen von etwas abweichen" -

---

4. *Ein Mann im AT erhält eine Reihe von Unglücksbotschaften. Das Buch, in dem dies geschildert wird, ist nach dem Mann benannt. Seitdem nennt man eine schwere Unglücksnachricht -*

5. *Im NT wird von einer jüdischen Gruppe von besonderer Gesetzesstrenge berichtet, die oft selbstgerecht auf die anderen herabschaute. Seitdem heißt ein Mensch, der Gutes tut, um von den andern gesehen zu werden -*

6. *Am Versöhnungstag der Juden legte der Priester seine Hände - symbolisch: alle Schuld - auf den Kopf eines Tieres, das dann in die Wüste gejagt wurde. Seitdem heißt "einem Unschuldigen die Schuld aufbürden" -*

---

7. Im AT wird von einem Philisterkrieger berichtet, der an Größe und Kraft alle andern überragte und trotzdem im Zweikampf unterlag. Seitdem heißt ein riesiger Kerl -

8. Ein Römer wollte vor dem Volk zeigen, daß er mit der Sache gegen Jesus nichts zu tun haben möchte. Trotzdem spricht er das Urteil. Seitdem sagt man, wenn man sich diplomatisch aus einer Sache heraushalten will -

9. Die Satzungen und Vorschriften des jüdischen Volkes stehen im 3. Buch Moses. Daraus vorlesen = jemand deutlich die Meinung sagen, ernste Vorhaltungen machen heißt danach -

1. EIN UNGLÄUBIGER THOMAS (Joh 20,24-29).

2. VON PONTIUS ZU PILATUS LAUFEN.

3. KEIN JOTA ABWEICHEN. Jota ist der kleinste Buchstabe im hebräischen Alphabet (Mt 5,18). Auf dem Konzil von Nicäa (325) spielte ein Jota eine bedeutende Rolle (homoousios = wesensgleich; homoiousios = wesensähnlich).

---

4. *HIOBSBOTSCHAFT. Im Buch Ijob geht es um das Problem des Leidens. Ijob verliert nacheinander seinen Besitz, seine Kinder und seine Gesundheit.*

5. *PHARISÄER. Lk 18,11: "Ich danke dir, Gott, daß ich nicht so wie die andern bin." Zur Zeit Jesu etwa 6000 Anhänger*

6. *EINEN SÜNDENBOCK SUCHEN (Lev 16,21-22)*

---

7. GOLIATH. Er unterlag im Zweikampf dem David, der nur mit einer Steinschleuder bewaffnet war.

8. SEINE HÄNDE IN UNSCHULD WASCHEN. Pontius Pilatus bei der Verurteilung Jesu (Mt 27,24).

9. JEMAND DIE LEVITEN LESEN. Levi, der 3. Sohn Jakobs, erhielt keinen Landbesitz; sein Stamm lebte vom Opferdienst. 3. Buch Mose = Leviticus

Heilige

1. Der erste Blutzeuge der Christenheit, in Jerusalem gesteinigt -

2. Begleiter zunächst des Apostels Paulus, dann des Petrus, dessen Evangelium er niederschrieb -

3. Italienischer Dominikaner, der größte Theologe des Mittelalters, lehrte in Paris und Rom -

---

4. *Nach der Überlieferung Großvater Jesu, der Vater der heiligen Maria, der Mann der heiligen Anna -*

5. *Lothringisches Bauernmädchen, führte das französische Heer gegen die englischen Eroberer und wurde als Ketzerin verbrannt; französische Nationalheilige -*

6. *Er war Lordkanzler von England; weil er sich weigerte, den König als Oberhaupt der Kirche in England anzuerkennen, wurde er 1535 enthauptet -*

---

7. Reicher italienischer Kaufmannssohn, wollte Christus in Armut nachfolgen und gründete deshalb einen Bettelorden (um 1200) -

8. Volksheiliger um 1200 in Padua (Italien), Patron vieler Kirchen, in großen und kleinen Anliegen angerufen -

9. Zuerst spanischer Offizier, dann Einsiedler, schließlich Gründer der "Gesellschaft Jesu", des Jesuitenordens -

1. STEPHANUS, Diakon und Erzmartyrer (26. Dezember).

2. HEILIGER MARKUS. Nach der Überlieferung starb er etwa 67 n. Chr. als Bischof von Alexandrien.

3. THOMAS VON AQUIN, 1225 - 1274. Faßte die Lehre des Christentums in ein theologisches System.

---

4. *JOACHIM, aus der Familie des Königs David, sein Fest am 26.07. (Joachim und Anna).*

5. *HEILIGE JEANNE D'ARC, die "Jungfrau von Orleans", 1412 - 1431. Drama von Schiller*

6. *THOMAS MORE (Morus), 1478 - 1535, bedeutender Gelehrter des Humanismus (Schrift: Utopia), verweigerte König Heinrich VIII. den "Suprematseid".*

---

7. FRANZISKUS VON ASSISSI, 1181 - 1226 (4. Oktober), Franziskanerorden

8. HEILIGER ANTONIUS, Kirchenlehrer, 1195 - 1231, Fest: 13. Juni

9. IGNATIUS VON LOYOLA (1491 - 1556), Fest: 31. Juli. Jesuiten leiteten die Gegenreformation ein.

Darstellung von Heiligen

1. Welcher Heilige wird seinen Mantel mit einem Bettler teilend dargestellt?

2. Heilige, die ihren toten Sohn auf dem Schoß hält?

3. Heiliger, einen Drachen tötend?

---

4. *Heiliger mit einem Schlüssel?*

5. *Heiliger mit den Werkzeugen eines Zimmermanns und einer Lilie?*

6. *Heilige mit einem Tuch, auf dem das Gesicht Jesu zu sehen ist?*

---

7. Apostel, unter dem Kreuz Jesu stehend?

8. Heiliger, den Jesusknaben auf den Schultern tragend?

9. Heiliger, von Pfeilen durchbohrt?

1. MARTIN, römischer Soldat; Bischof von Tours (4. Jahrhundert).

2. MARIA. "Pietà" - die berühmteste Darstellung im Petersdom von Michelangelo.

3. GEORG, römischer Soldat und Martyrer, um 300.

----

4. PETRUS *(Jesus sagte zu ihm: Ich will dir die Schlüssel des Himmelreichs geben. Deshalb ist Petrus auch Patron der Schlosser.)*

5. Der HEILIGE JOSEF, *der (gesetzliche) Vater Jesu, der Ehemann der Mutter Maria, Patron der Arbeiter.*

6. VERONIKA. *Nach der Legende reichte sie Jesus auf dem Kreuzweg das Schweißtuch.*

----

7. Der Apostel JOHANNES

8. CHRISTOPHORUS, Martyrer im 3. Jahrhundert in Palästina, der aus Nächstenliebe Menschen über einen Fluß trug.

9. SEBASTIAN, römischer Offizier und Martyrer unter Diokletian, um 300.

Schutzpatrone

1. Patron der Arbeiter

2. Patron der Jäger

3. Patronin der Bergleute

---

4. *Patron der Fischer*

5. *Patron der Weltmission*

6. *Patronin der Musiker (Kirchenmusiker)*

---

7. Patron der Autofahrer

8. Patron der Reisenden

9. Patron gegen die Feuersgefahr

1. JOSEF (19. März), Zimmermann von Beruf, in Nazaret. Auch Patron der Sterbenden. Dargestellt mit Arbeitsgerät und Lilie.

2. HUBERTUS (3. November), französischer Bischof, der auf der Jagd bekehrt wurde (gest. 727), dargestellt mit einem Hirsch.

3. BARBARA (4. Dezember), starb 306 als Martyrin, dargestellt mit einem Turm. Auf dem Richtplatz wurde ihr heidnischer Vater vom Blitz erschlagen. Auch Patronin der Artillerie.

---

4. *APOSTEL PETRUS (29. Juni). Von Beruf Fischer, dargestellt mit Schlüssel.*

5. *FRANZ XAVER (3. Dezember), 1506 - 1552, missionierte in Indien und Japan mit großem Erfolg.*

6. *CÄCILIA (22. November). Martyrin zu Rom, 3. Jahrhundert.*

---

7. CHRISTOPHORUS (24. Juli), trug nach der Legende den Jesusknaben über einen Fluß.

8. ERZENGEL RAPHAEL (29. September). Er begleitete Tobias im AT auf seiner Reise und brachte ihn glücklich zurück.

9. FLORIAN (4. Mai), römischer Offizier, starb 304 als Martyrer.

Nach Heiligen benannt

1. Gebirgsmassiv der Schweizer Alpen mit berühmter Paßstraße und -tunnel; benannt nach einem Benediktinermönch und Bischof.

2. Welthafen in Kalifornien, 3 Millionen Einwohner, mit berühmter Brücke; benannt nach einem heiligen Ordensstifter.

3. Mittelitalienischer Stadtstaat (Republik) an der Adria; benannt nach einem römischen Martyrer.

----

4. *Insel im Atlantischen Ozean, Verbannungsort des Kaisers Napoleon.*

5. *Der Abfluß der großen Seen in Kanada, benannt nach einem römischen Martyrer.*

6. *Kantonshauptstadt in der Ostschweiz, ehemalige Benediktinerabtei, heute Bischofssitz; benannt nach einem irischen Mönch.*

----

7. Stadtteil einer norddeutschen Großstadt, Vergnügungsviertel.

8. Schweizer Höhenkurort und Wintersportplatz im Engadin, gleichnamiger See; benannt nach einem römischen Martyrer.

9. Stadt am Rhein mit Burgruine Rheinfels, gegenüber eine zweite Stadt, beide benannt nach einem Einsiedler um 500.

1. ST. GOTTHARD, Paßhöhe 2.108 m hoch, Quellgebiet von Rhein und Rhône. Kürzester Westalpenübergang. GOTTHARD (4. Mai), 960 - 1038, Abt von Hersfeld, Bischof von Hildesheim, förderte das Schulwesen.

2. SAN FRANCISCO, in der Volkssprache Frisco, Zugang zum Hafen, das 11 km breite "Goldene Tor", darüber die Golden-Gate-Brücke. 1906 durch Erdbeben zerstört. FRANZISKUS (Franz von Assisi, 4. Oktober) gründete den "Orden der Minderbrüder", gestorben 1226.

3. SAN MARINO, 20.000 Einwohner, 61 km^2, in der Nähe von Rimini, seit dem 13. Jahrhundert selbständige Republik. MARINUS (15. November), römischer Offizier, 259 als Christ enthauptet.

---

4. *ST. HELENA. Die Heilige HELENA, um 300, war die Mutter des Kaisers Konstantin.*

5. *ST. LORENZ-STROM. 1.240 km lang. LAURENTIUS (10. August), Diakon in Rom, nach der Legende auf einem Rost gebraten, gestorben 258.*

6. *ST. GALLEN, 80.000 Einwohner. Abtei 720 gegründet, im Mittelalter (neben Fulda) berühmte Schreibstube. GALLUS (16. Oktober) kam um 600 aus Irland, starb 641 als Einsiedler.*

---

7. ST. PAULI, benannt nach dem Völkerapostel PAULUS.

8. ST. MORITZ, 6.000 Einwohner, im Kanton Graubünden. Römisches Herrlager. St.-Moritz-See. MAURITIUS (22. September) war Kommandeur der 22. römischen Legion ("Thebäische Legion"), wurde um 300 mit seinen Soldaten als Christ hingerichtet.

9. ST. GOAR, 4.000 Einwohner, gegenüber St. Goarshausen. Weinbauzentrum. GOAR (6. Juli), Einsiedler und Missionar, gestorben 508.

Männer, die man kennen sollte

1. Augustinerabt, der 1865 die nach ihm benannten Gesetze der Vererbung entdeckte -

2. Bedeutendster Führer der indischen Befreiungsbewegung, 1948 ermordet -

3. Bischof von Mainz, "Arbeiterbischof", weil er in der beginnenden Industrialisierung in Wort und Schrift für soziale Reformen eintrat -

----

4. *Bayerischer Pfarrer und Naturarzt, Schöpfer des Wasserheilverfahrens -*

5. *Priester in Köln, der sich um die fachliche und religiöse Weiterbildung der Handwerksgesellen mühte und als "Gesellenvater" eine weltweite Organisation gründete -*

6. *Bischof von Münster, berühmt durch Kanzelreden und Schriften gegen den Naziterror -*

----

7. Führer der Bürgerrechtler in USA, der für die Gleichberechtigung der schwarzen Bevölkerung eintrat - 1968 ermordet -

8. Polnischer Ordenspriester, der im KZ Auschwitz für einen Mitgefangenen in den Hungertod ging -

9. Brasilianischer Erzbischof, der sich weltweit für die Verbesserung der sozialen Verhältnisse in Lateinamerika einsetzt -

1. JOHANN GREGOR MENDEL (1822 - 1884 in Brünn), Mendelsche Gesetze (Tätigkeitswort: ausmendeln)

2. MAHATMA GANDHI, 1869 - 1948, versuchte die Gegensätze zwischen Hindus und Mohammedanern auszugleichen und das Kastenwesen zu überwinden. Passiver Widerstand gegen die Engländer, schätzte das Christentum sehr hoch.

3. WILHELM EMMANUEL VON KETTELER, 1811 - 1877, seit 1850 Bischof von Mainz

---

4. *SEBASTIAN KNEIPP (1821 - 1897 in Wörishofen), Kneipp-Kur*

5. *ADOLF KOLPING (1813 - 1865), Kaplan und Domvikar in Köln, Kolpingwerk.*

6. *CLEMENS AUGUST GRAF VON GALEN (1878 - 1946), Papst Pius XII. ernannte ihn für seinen tapferen Widerstand zum Kardinal.*

---

7. MARTIN LUTHER KING, 1929 - 1968, 1964 Friedensnobelpreis. Methodisten-Geistlicher, der einen friedlichen Ausgleich suchte.

8. MAXIMILIAN KOLBE, Franziskaner, nahm 1944 den Tod für einen jungen Familienvater auf sich.

9. HELDER CAMÁRA, seit 1964 Erzbischof von Olinda und Recife

Geographie katholisch

1. Marienwallfahrtsort in Oberbayern (Papstbesuch 1980)

2. Berühmtes Reiterstandbild in einem bayerischen Dom

3. Benediktinerabtei mit romanischer Basilika an einem Eifelmaar

---

4. *Grab des "Apostels der Deutschen"*

5. *Einziges Apostelgrab in Deutschland*

6. *Konzilsgebäude in Deutschland*

---

7. Passionsspielort in Oberbayern

8. Ort des Dreikönigsschreins (Reliquien der heiligen drei Könige)

9. Schönste Wallfahrtskirche der Vierzehn Nothelfer in Süddeutschland

1. ALTÖTTING. 1.200 Einwohner, Kapuzinerkloster, Gnadenkapelle. Grab des heiligen Konrad von Parzham (1818 - 1894, Klosterpförtner).

2. "BAMBERGER REITER". Bamberg, 80.000 Einwohner, Erzbistum, spätromanisch-frühgotischer Dom, Plastiken aus dem 13. Jahrhundert.

3. MARIA LAACH am Laacher See. 1093 gegründet. Kunstwerkstätten. Zentrum der "liturgischen Bewegung".

---

4. *FULDA. 70.000 Einwohner, am gleichnamigen Fluß in der Rhön. Im Mittelalter berühmtes Benediktinerkloster, Fürstabtei, barocker Dom Anfang 18. Jahrhundert.*

5. *MATTHIAS IN TRIER. An der Mosel, ca. 100.000 Einwohner, Bistum. Matthias-Basilika (12. Jahrhundert). Bedeutendstes Römerdenkmal in Deutschland: Porta Nigra (1. Jahrhundert n. Chr.).*

6. *KONSTANZ, am Bodensee, 70.000 Einwohner. Hier fand 1414 - 1418 das einzige Konzil auf deutschem Boden statt.*

---

7. OBERAMMERGAU. 5.000 Einwohner; seit 1634 Passionsspiele.

8. KÖLN. Die Gebeine kamen im 12. Jahrhundert nach Köln.

9. VIERZEHNHEILIGEN, am Main in Oberfranken, 400 Einwohner, barocke Wallfahrtskirche (18. Jahrhundert), Franziskanerkloster.

Bedeutende Kirchen

1. Größte Kirche der Christenheit

2. Grabeskirche des Evangelisten Markus (San Marco, auf einer Lagune gebaut)

3. Krönungskirche der englischen Könige in London

---

4. Dom als Wahrzeichen der Stadt Wien

5. Süddeutscher Dom mit dem höchsten Kirchturm der Welt

6. Süddeutscher Dom mit der größten Orgel der Welt

---

7. Kirche als Wahrzeichen der Stadt München

8. Muttergottesdom auf einer Seine-Insel in Paris

9. Dom der deutschen katholischen Jugend, unweit von Köln (Verlag und Jugendhaus jetzt in Düsseldorf)

1. PETERSKIRCHE in Rom. 1506 bis 1626 erbaut. 186 m lang, faßt 60.000 Menschen.

2. VENEDIG. Daher der Löwe (Sinnbild des Evangelisten) im Wappen, etwa 400.000 Einwohner, 123 Inseln, 400 Brücken, "Dogen"-Palast.

3. WESTMINSTERABTEI, gotisch, um 1250

---

4. *STEPHANSDOM. Romanisch-gotisch, 1578 vollendet.*

5. *ULM. Münster aus dem 14. Jahrhundert (gotisch), 162 m hoher Turm.*

6. *In PASSAU. Domorgel mit 17.000 Pfeifen.*

---

7. "FRAUENKIRCHE". Im 15. Jahrhundert erbaut, zwei 99 m hohe Türme.

8. NOTRE DAME ("Unsere liebe Frau"), gotische Kathedrale (13. Jahrhundert).

9. ALTENBERG. Ehemalige Zisterzienserabtei, gotischer Dom, im Bergischen Land. ("Altenberger Licht")

Stätten der Kirchengeschichte

1. Größter Theaterbau in Rom, in dem auch viele Christen für ihren Glauben starben

2. Südfranzösische Stadt, in der im 14. Jahrhundert die Päpste residierten

3. Stammkloster des Benediktinerordens in Süditalien

---

4. Unterirdische Grabgänge (besonders in Rom), wo sich die Christen in Verfolgungszeiten versammelten

5. Größter Marienwallfahrtsort in Portugal (1917 Marienerscheinung)

6. Kloster, Palast und Grabstätte der spanischen Könige

---

7. Größter Marienwallfahrtsort in Südfrankreich (Muttergotteserscheinungen 1858)

8. Antike Hafenstadt an der kleinasiatischen Küste, mit einem der sieben Weltwunder, Wirkungsstätte der Apostel Paulus und Johannes

9. Ökumenische Bruderschaft in einem französischen Dorf, begründet von Roger Schutz

1. KOLOSSEUM, 80 n. Chr. vollendet, faßte 50.000 Zuschauer, Umfang über 500 m, 4 Stockwerke

2. AVIGNON. 90.000 Einwohner. 1309 - 1376 Residenz der Päpste ("babylonisches Exil"), Papstpalast erhalten

3. MONTECASSINO. 529 von Benedikt gegründet, im Zweiten Weltkrieg zerstört, wieder aufgebaut

---

4. *KATAKOMBEN, vor allem in Rom (z. B. Calixtkatakombe mit Gruft der Päpste), bis ins 5. Jahrhundert benutzt*

5. *FATIMA. 3.000 Einwohner. Drei Hirtenkindern erschien 1917 die Muttergottes.*

6. *ESCORIAL (von Philipp II. im 16. Jahrhundert unweit von Madrid erbaut)*

---

7. LOURDES. Südfranzösische Stadt in den Pyrenäen. 20.000 Einwohner. Der heiligen Bernadette Soubirous (14 Jahre alt) erschien 1858 die Muttergottes.

8. EPHESUS. Epheserbrief, 431 Konzil, heute große Ausgrabungen. Artemistempel (Apg und Apk)

9. TAIZÉ, in Burgund. 1940 von dem Schweizer Frère Roger gegründet. Die Mönche leben in ökumenischer Gemeinschaft (Konzil der Jugend).

Wichtige Jahreszahlen

1. Der römische Kaiser Nero beginnt nach dem Brand der Stadt Rom die erste Christenverfolgung. -

2. Bonifatius, Apostel der Deutschen, wird von heidnischen Friesen ermordet. -

3. Abendländische Ritter ziehen erstmals aus, um das Heilige Land aus der Hand der Mohammedaner zu befreien (1. Kreuzzug). -

---

4. *Martin Luther veröffentlicht seine Thesen; die Reformation beginnt.* -

5. *Mit der Auswanderung Mohammeds von Mekka nach Medina beginnt die islamische Zeitrechnung.* -

6. *In Rom beginnt das Zweite Vatikanische Konzil.* -

---

7. Karl der Große, König der Franken und Langobarden, wird von Papst Leo III. in Rom zum Kaiser gekrönt. -

8. Der römische Kaiser Konstantin der Große erklärt das Christentum gleichberechtigt mit der Staatsreligion. -

9. Napoleon übergibt geistlichen Besitz (Bistümer, Klöster) weltlichen Fürsten (Säkularisation). -

1. 64 (Nero 54 - 68), Petrus und Paulus als Martyrer.

2. 754 (5. Juni). Sein Grab im Dom zu Fulda.

3. 1096 (bis 1099). Die Kreuzfahrer besetzen das Heilige Land und gründen das Königreich Jerusalem.

---

4. *1517 (31. Oktober) in Wittenberg*

5. *622 (Hedschra)*

6. *1962. Nach vier Sitzungsperioden am 08.12.1965 beendet.*

---

7. 800. Karl der Große regierte 768 - 814.

8. 313 (Edikt von Mailand)

9. 1803 "Reichsdeputationshauptschluß" (22 Fürstbistümer, 280 Klöster = 90.000 km^2). Die Fürsten wurden für den Verlust linksrheinischer Gebiete entschädigt.

Christentum im deutschen Osten

1. Thüringische Burg bei Eisenach, dort lebte die heilige Elisabeth -

2. Das einzige Gebiet der DDR mit überwiegend katholischer Bevölkerung, Hauptort Heiligenstadt -

3. Führende Kulturstadt des deutschen Ostens, Hauptstadt von Schlesien, schon um das Jahr 1000 Bistum, jetzt polnisch -

---

4. *Stadt im Bezirk Halle, in der Luther die Reformation begann und sein Grab fand -*

5. *Größte Stadt in Thüringen, Domberg mit gotischem Dom und Severikirche, berühmt als Blumenstadt -*

6. *Bis zur Reformation Erzbistum, Stadt in Sachsen-Anhalt an der Elbe, Hochburg des Luthertums, bekannte Fußballmannschaft (1. FC) -*

---

7. Jugendstrafanstalt in Westberlin, Hinrichtungsort vieler Widerstandskämpfer gegen das Naziregime, gleichnamiger See -

8. Einziges Bistum, dessen Gebiet ganz in der DDR liegt, berühmt durch sein Porzellan -

9. Alte Bischofsstadt an der Saale, romanisch-gotischer Dom mit berühmten Figuren, besonders die Stifterfiguren Ekkehard und Uta -

1. WARTBURG, um 1070 gegründet, bis 1440 Sitz der Landgrafen, hl. Elisabeth von 1211 bis 1227, Gattin des Landgrafen Ludwig. 1521 bis 1522 Zufluchtsort Martin Luthers, Bibelübersetzung.

2. EICHSFELD, im Grenzgebiet zu Hessen.

3. BRESLAU, an der Oder, heute über 1/2 Million Einwohner, Erzbischof (Schlesische Kriege).

---

4. WITTENBERG. "Lutherstadt", ca. 50.000 Einwohner. Thesenanschlag an der Schloßkirche 1517.

5. ERFURT, ca. 200.000 Einwohner, Bezirkshauptstadt, gehörte zu Kurmainz. Bischof von Erfurt, gehört zum Bistum Fulda.

6. MAGDEBURG, 270.000 Einwohner. In der fruchtbaren Magdeburger Börde. 968 Erzbistum (Otto I. Grab im gotischen Dom). Zentrum der Slawenmission; in der Reformation aufgehoben. 1949 Bischofssitz (gehört zu Paderborn).

---

7. PLÖTZENSEE, vor allem die Widerstandskämpfer des 20. Juli 1944 wurden hier hingerichtet.

8. MEISSEN, ca. 130.000 Einwohner, Sitz in Bautzen, im Bezirk Dresden. Dort der gotische Dom simultan (beiden Konfessionen zugehörig).

9. NAUMBURG, 40.000 Einwohner, im Bezirk Halle; bis zur Reformation Bistum.

Getrennte Kirchen

1. Die seit dem 11. Jahrhundert von Rom getrennten Ostkirchen nannten sich "rechtgläubig". Wie heißt das griechische Wort dafür?

2. Sitz des Weltrats der Kirchen, der Zentrale der ökumenischen Bewegung -

3. Eigenständiger Bezirk in der evangelischen Kirche in Deutschland, die dem (katholischen) Bistum entspricht -

---

4. Regelmäßige Versammlung der evangelischen Christen in Deutschland (alle 2 Jahre)

5. Zentrum der griechisch-orthodoxen Kirche; Mittelpunkt des oströmischen Reichs

6. Griechische Halbinsel mit berühmter Mönchssiedlung

---

7. Religiöse Sondergruppe, die sich von einer Großkirche getrennt hat -

8. Zentrum der anglikanischen Staatskirche, Sitz des Lordprimas (Erzbischof) von England

9. Glaubensgemeinschaft, die 1870 in Deutschland entstand, weil man die Unfehlbarkeit des Papstes ablehnte und beim "alten" katholischen Glauben bleiben wollte -

1. ORTHODOX. Lehre der ersten sieben gemeinsamen Konzilien. 22 Teilkirchen, Ehrenvorrang des Patriarchen von Konstantinopel.

2. In GENF. Im Weltrat der Kirchen (nach dem 2. Weltkrieg gegründet) sind etwa 250 Einzelkirchen zusammengeschlossen. Voraussetzung ist das Bekenntnis zur Gottheit Christi und zur Dreifaltigkeit.

3. LANDESKIRCHE, z. B. Evangelische Kirche von Kurhessen-Waldeck. An der Spitze der Landesbischof oder Kirchenpräsident.

---

4. *Evangelischer KIRCHENTAG, seit 1949 (entsprechend dem "Katholikentag"), Sitz in Fulda.*

5. *ISTANBUL (= Konstantinopel); 2,2 Millionen Einwohner. Die Hauptkirche "Hagia Sophia" (= heilige Weisheit) erbaut 532 - 537 von Kaiser Justinian I.; hier vollzog sich 1054 die Spaltung der Christenheit zwischen Westen und Osten; 1453 Moschee, heute Museum.*

6. *ATHOS, in Nordgriechenland, 21 orthodoxe Bergklöster und viele Einsiedeleien.*

---

7. SEKTE. Meistens mit fanatischem Sendungsbewußtsein und Naherwartung des Weltendes.

8. CANTERBURY, in der Grafschaft Kent, berühmte gotische Kathedrale.

9. ALTHATHOLIKEN, Abschaffung von Ohrenbeichte und Zölibat, aber gültige Priesterweihen. Etwa 30.000 in der Bundesrepublik, Bischofssitz Bonn.

Deutsche Bischofsstädte

1. Etwa 200.000 Einwohner, Hauptstadt eines Bundeslandes, Stadt der Buchdruckerkunst; Erzbischöfe waren im Mittelalter Kurfürsten.

2. 180.000 Einwohner, am Oberrhein, im südlichen Schwarzwald, berühmter gotischer Dom, Universität.

3. 50.000 Einwohner, an der Mündung des Inn in die Donau; von hier aus wurde Ungarn missioniert (deshalb Stephansdom).

----

4. *700.000 Einwohner, Mittelpunkt des Ruhrgebiets, Eisenindustrie; Gruga-Park und -Halle; das jüngste deutsche Bistum.*

5. *260.000 Einwohner, in Schwaben gelegen. 832 Bischofssitz des heiligen Ulrich, im Mittelalter Stadt der berühmten Kaufmannsfamilien Fugger und Welser.*

6. *200.000 Einwohner, in Westfalen, Universität, romanischer Dom, Friedensschluß nach dem 30jährigen Krieg.*

----

7. 100.000 Einwohner, an der Mosel, Mittelpunkt des Weinbaus, römische Ruinen, Grab des Apostels Matthias.

8. 250.000 Einwohner, Mittelpunkt des Reichs der Franken. Gründung und Grab Karls des Großen; bis 1531 Krönungsstadt der deutschen Könige.

9. Etwa 50.000 Einwohner, am Oberrhein, romanischer Dom (1030 - 1130) mit Kaisergruft. 1529 protestierten hier die evangelischen Stände, seitdem "Protestanten".

1. MAINZ, römische Gründung, schon um 200 Bistum; 1850 - 1871 Sozialbischof Wilhelm E. von Ketteler.

2. FREIBURG, gotischer Dom mit 116 m hohem Turm, Herder-Verlag, Zentrale des Deutschen Caritas-Verbandes.

3. PASSAU, römische Gründung, Castra Batára.

---

4. *ESSEN. Durch die Kruppwerke aus kleinen Anfängen zur Großstadt geworden.*

5. *AUGSBURG. 1530 "Confessio Augustana", erste Bekenntnisschrift der Lutheraner, von Melanchton verfaßt und Kaiser Karl V. auf dem Reichstag übergeben. 1555 Religionsfriede (Cuius regio eius religio).*

6. *MÜNSTER. 1648 Friede von Münster (und Osnabrück). Bischof von Galen (1933 - 1946) berühmt durch Widerstand gegen die Nazis.*

---

7. TRIER. Porta Nigra (1. Jahrhundert n. Chr.), um 15 v. Chr. gegründet: Augusta Treverorum, ältestes deutsches Bistum.

8. AACHEN. Dom aus karolingischer Zeit. Bischofssitz seit 19..?

9. SPEYER. Römische Gründung (Spira), seit dem 4. Jahrhundert Bischofssitz.

Kloster

1. Klostervorsteher in älteren Mönchsorden, auf Lebenszeit gewählt, eigene Weihe -

2. Ordenspriester (im Gegensatz zum Ordensbruder) -

3. Ordensfrau, in älteren Orden mit strengen Gelübden -

---

4. *Feierliches Versprechen der Ordensleute (Armut, Keuschheit, Gehorsam)* -

5. *Abgegrenzte Klosterräume; Zutritt für Personen des anderen Geschlechts verboten* -

6. *Aus dem lateinischen Wort für Kloster = monasterium hat eine deutsche Bischofsstadt ihren Namen* -

---

7. Einsiedlermönch -

8. Junger Ordensangehöriger in der Probezeit am Beginn des Ordenslebens -

9. Nachsilbe von Ortsnamen, die aus der Niederlassung eines Mönchs entstanden sind.

1. ABT, in Frauenklöstern "ÄBTISSIN", manchmal Abtbischof, früher "Fürstabt", z. B. in Fulda

2. PATER, abgekürzt: P., hinter dem Namen die Ordensbezeichnung, z. B. P. Antonius OSB.

3. NONNE, bei neueren Orden "Schwester"

---

4. *GELÜBDE. Die Ordensgelübde aus den sogenannten "Evangelischen Räten", die ersten Gelübde nach der Probezeit.*

5. *KLAUSUR. Bei strengen Orden ist allen Fremden der Zutritt versagt.*

6. *MÜNSTER in Westfalen (und viele zusammengesetzte Ortsnamen, z. B. Neumünster). Auch Bezeichnung hervorragender Kirchen (Münster zu Freiburg).*

---

7. EREMIT, in einer Eremitage (Einsiedelei), auch deutsch: Klausner (in einer Klause)

8. NOVIZE, im Noviziat, unter einem Novizenmeister. Beginnt mit der Einkleidung.

9. -ZELL, so z. B. Radolfzell, Künzell (Zelle des Mönchs Kindo)

Abkürzungen

1. KAB

2. SJ

3. KNA

----

4. *CAJ*

5. *OSB*

6. *RIP*

----

7. DJK

8. OFM

9. EKD

1. KATHOLISCHE ARBEITERBEWEGUNG, 1947 in Mainz gegründet.

2. SOCIETATIS JESU (hinter dem Namen), d. h. aus der "Gesellschaft Jesu", dem Jesuitenorden, 1534 von Ignatius von Loyola gegründet.

3. KATHOLISCHE NACHRICHTEN-AGENTUR, 1953 gegründet, berichtet über das kirchliche Leben in Deutschland. Sitz in Bonn.

---

4. *CHRISTLICHE ARBEITER-JUGEND, 1924 vom Belgier Cardijn gegründet, heute in 80 Ländern verbreitet.*

5. *ORDINIS SANCTI BENEDICTI (hinter dem Namen), d. h. aus dem Benediktinerorden, im 6. Jahrhundert von Benedikt von Nursia gegründet.*

6. *RIQUIESCAT IN PACE (Er möge in Frieden ruhen), auf Todesanzeigen und Grabkreuzen.*

---

7. DEUTSCHE JUGENDKRAFT, Mitgliedsverband des Bundes der deutschen Katholischen Jugend (BdKJ), für Sport (z. B. DJK Gütersloh), 1920 gegründet.

8. ORDINIS FRATRUM MINORUM (hinter dem Namen), d. h. aus dem Orden der Minderbrüder, von Franz von Assissi 1221 gegründet (Franziskaner).

9. EVANGELISCHE KIRCHE IN DEUTSCHLAND, seit 1948 der Bund der evangelischen Kirchen in der Bundesrepublik.

Synonyme

1. a) letzte Willensäußerung
   b) allgemein: Zeugenaussage
   c) zwei Teile der Bibel

2. a) Titel, den der Papst Bischöfen verleiht
   b) Finkenvogel mit rotem Federschopf (Nordamerika)
   c) als Vorsilbe soviel wie Grund-, Haupt-

3. a) mehrstimmiges Musikstück
   b) schluchtartiges Flußtal
   c) kirchliche Rechtsbestimmung oder feststehender Teil der Messe

---

4. a) achte Stufe der Tonleiter
   b) Buchformat
   c) auf acht Tage ausgedehnte Feier eines hohen kirchlichen Festes

5. a) Fabeltier, in der Bibel Sinnbild des Bösen
   b) leichtes Fluggerät
   c) Sternbild

6. a) Vorstellung von einem Glückszustand am Anfang der Menschheit
   b) allgemein: Bezeichnung für Himmel
   c) Vorbau an mittelalterlichen Kirchen

---

7. a) Großmarkt, Ausstellung
   b) Aufenthaltsraum für Schiffsoffiziere
   c) Form des katholischen Gottesdienstes

8. a) römisches Zahlzeichen
   b) Teil des Christusmonogramms
   c) Die Unbekannte in mathematischen Formeln

9. a) bekannte Pop-Gruppe
   b) allgemein für Ursprung, Herkunft
   c) Buch des Alten Testaments

(Synonym heißt: Ein Wort hat mehrere Bedeutungen)

1. TESTAMENT (vom lateinischen Testis = Zeuge, testamentum = Zeugnis). Altes und Neues Testament.

2. KARDINAL. Kardinäle haben das Vorrecht, den Papst zu wählen (Kardinalbischöfe, -priester, -diakon). Kardinaltugenden, Kardinalfehler, Kardinalzahlen (4: Klugheit, Tapferkeit, Gerechtigkeit, Mäßigkeit).

3. KANON bzw. CANON. Ein Paragraph im kirchlichen Recht; auch das Verzeichnis der biblischen Schriften und das Verzeichnis der Heiligen (Kanonisation = Heiligsprechung), vor allem Kanon der Messe von der Präfation bis zum Vaterunser.

---

4. *OKTAV – z. B. die Weihnachtsoktav (bis zum Neujahrestag) oder die Osteroktav (bis zum Weißen Sonntag).*

5. DRACHE

6. "PARADIES"

---

7. MESSE, auch "Eucharistiefeier" (= Danksagung), ursprünglich = Aussendung (Ite, missa est).

8. X – Christusmonogramm PX. Griechische Buchstaben bedeuten ChR (= "chi-rho"), die Anfangsbuchstaben des Namens "Chr".

9. GENESIS, das erste der fünf Bücher Mose (Pentateuch), erzählt in 11 Kapiteln die Vorgeschichte der Menschheit, dann die Volkwerdung der Nachkommen Abrahams.

Fremdwörter

1. Christen in der Zerstreuung: Wenige Angehörige einer Konfession leben unter einer Mehrheit einer anderen. Wie nennt man das?

2. Zu einer anderen Konfession übergetreten?

3. Fremdwort für Irrlehre, Ketzerei?

---

4. Griechisches Wort für "geistlicher Stand"?

5. Rangordnung in der Verfassung der katholischen Kirche?

6. Weihe einer Kirche, eines Bischofs, vor allem aber von Brot und Wein bei der Messe?

---

7. Fremdwort für Teufelsbeschwörung?

8. Fremdwort für Kirchenbann, Ausschluß aus der Kirche?

9. Fremdwort für Kirchenspaltung?

1. Diaspora

2. Konvertit

3. Häresie

----

4. *Klerus*

5. *Hierarchie*

6. *Konsekration*

----

7. Exorzismus

8. Exkommunikation

9. Schisma

Islam, die Religion Mohammeds

1. Wie heißt der Geburtsort Mohammeds, der Hauptwallfahrtsort der Muslimen?

2. Wie heißt das heilige Buch der Mohammedaner?

3. Der neunte Monat des islamischen Jahres ist Fastenmonat. Wie heißt er?

---

4. *Welchen Titel führt ein Mekkapilger?*

5. *Wie heißt der Turm der Moschee?*

6. *Das von Allah vorherbestimmte unabwendbare Schicksal gehört zu den Grundlehren Mohammeds. Wie heißt das Wort dafür?*

---

7. Wo befindet sich das Grab Mohammeds (berühmtester islamischer Wallfahrtsort neben Mekka)?

8. Wie heißt der Gebetsrufer vom Turm der Moschee?

9. Der Islam ist ähnlich wie die christliche Religion in Konfessionen aufgespalten. Nenne eine der großen Konfessionen!

1. MEKKA, in Saudi-Arabien, mit der siebentürmigen Moschee El-Haram. In Mekka die "Kaaba", ein schwarzer Stein, als Hauptheiligtum.

   Mohammed wurde um 570 geboren.

2. KORAN. Zusammenstellung der Verkündigungen Mohammeds (Glaubenssätze, Sittenlehren, Vorschriften, Gebete) nach seinem Tod. 114 Kapitel (Suren)

3. RAMADAN. Nur nach Sonnenuntergang darf der Gläubige essen und trinken.

---

4. HADSCHI. *Jeder Mohammedaner ist verpflichtet, wenigstens einmal im Leben nach Mekka zu pilgern.*

5. MINARETT. *Die größten Moscheen befinden sich in Mekka, Medina, Jerusalem, Istanbul und Kairouan (Tunesien).*

6. KISMET = *völlige Ergebenheit in den Willen Allahs.*

   (Allah = Name für den "einzigen, ewigen Gott")

---

7. In MEDINA (Saudi-Arabien), dort ist Mohammed 632 gestorben. Mit seiner Auswanderung von Mekka nach Medina beginnt 622 die islamische Zeitrechnung. Es gibt etwa 400 Millionen Mohammedaner.

8. MUEZZIN. Er ruft die Gebetszeiten aus, fünfmal am Tag.

   Der Vorbeter in der Moschee heißt Imam.

9. SUNNITEN (92 %, Hauptglaubensquelle ist die Sunna, die Aufzeichnung der Aussprüche und Lebensgewohnheiten Mohammeds), Schiiten (etwa 8 %, stützen sich auf Ali, den Schwiegersohn des Mohammed (= Schia, dessen Schriften); besonders im Iran verbreitet.

Biblische Gestalten

1. Wie hießen die Eltern von Maria, die Großeltern Jesu?

2. Jakob hatte zwölf Söhne; die beiden jüngsten waren Kinder derselben Frau. Bei der Auswanderung nach Ägypten spielten sie eine große Rolle -

3. Bruderpaar, das die Israeliten aus Ägypten ins Gelobte Land führte -

---

4. Unter dem Kreuz Jesu standen eine Frau und ein Mann -

5. Zwei Schwestern, bei denen Jesus zu Gast war - ihre Namen -

6. Ein Brüderpaar, beide Fischer am See Genesareth, wurde von Jesus zuerst zu Aposteln berufen -

---

7. Wie hießen die Eltern von Johannes dem Täufer?

8. Zwei Brüder stritten um Erstgeburtsrecht und väterlichen Segen. Der jüngere eignete sich beides durch List an -

9. Als Jesus zur Darstellung in den Tempel gebracht wurde, priesen zwei alte Leute ihn und sich selig -

1. JOACHIM UND ANNA (nach einem apokryphen Evangelium

2. JOSEF UND BENJAMIN (Genesis 39. Kap.)

3. MOSE UND AARON (Exodus, 12. Kap.)

---

4. *MARIA, seine Mutter, und der Jünger, den er liebte: JOHANNES (Joh 19,26)*

5. *MARIA UND MARTHA - Schwestern des Lazarus (Lk 10,38 und Joh 1,11 ff)*

6. *SIMON (PETRUS) UND ANDREAS (Mk 1,16 ff)*

---

7. ZACHARIAS UND ELISABETH (Lk 1,5 ff)

8. ESAU UND JAKOB (Gen. 25,27 ff und 27,1-40) - Die Söhne des Isaak

9. SIMEON UND HANNA (Lk 2,21 ff)

Zwölf Apostel

1. Wer wird als Apostel bezeichnet, ohne zu den 12 zu gehören?

2. Zum Zöllner Levi sagte Jesus: Folge mir! Er wurde Apostel und Evangelist -

3. Welcher starb zuerst als Martyrer?

---

4. Wer war der Jünger, den Jesus liebte?

5. Wer trat (durch Los) an die Stelle des Verräters Judas?

6. Welcher Evangelist und Apostel schrieb das letzte Buch im NT?

---

7. Von welchem Apostel wissen wir, daß er verheiratet war?

8. Zuerst hieß er der "Ungläubige", dann trug er das Evangelium bis nach Indien -

9. Welcher Apostel (schon genannt) fand sein Grab nördlich der Alpen?

1. PAULUS - 1 Kor 1,1

2. MATTHÄUS - Mk, 2.14

3. JAKOBUS d. Ä. - Apg 12,12

---

4. JOHANNES - *Joh. 13,23; Joh 19,26*

5. MATTHIAS - *Apg 1,15 ff*

6. JOHANNES - *die Geheime Offenbarung oder Apokalypse (Apk)*

---

7. PETRUS - Mk 1,30

8. THOMAS - Grab in Goa; "Thomaschristen"

9. MATTHIAS - in Trier

Christliche Kunst

1. Halbrunde oder vieleckige Altarnische im frühen Kirchenbau -

2. Maler der it. Renaissance (Mona Lisa), vielseitiger Forscher und Entdecker um 1500 in Florenz und Mailand -

3. Prunkdach aus Stoff (über Statuen und Kanzeln) -

---

4. Tafelbild mit Darstellung von Heiligen in der griech. Kirche -

5. Größter Künstler der ital. Renaissance (um 1500 in Rom) -

6. Altchristlicher Kirchenbau, aus der griech. Königshalle entstanden; höheres Mittelschiff mit zwei bis vier Seitenschiffen -

---

7. Kunstmotiv der Gotik und der Renaissance: der Leichnam Jesu auf dem Schoß seiner Mutter -

8. Maler und Kupferstecher um 1500 in Nürnberg (Ritter, Tod und Teufel) -

9. Nackte kleine Knaben, die im Barock Altar, Orgel, Bilder und dgl. verzierten -

1. APSIS - wurde später zum Chor.

2. LEONARDO DA VINCI - 1452 - 1519, "Abendmahl" (Mailand).

3. BALDACHIN - aus Stoff: in Bischofskirchen, aus Stein: in gotischen Kirchen.

---

4. IKONE - Ikonostase = Wand zwischen Chor und Gemeinderaum.

5. MICHELANGELO (Buonarroti) - 1475 - 1564, Petersdom (Kuppel), Sixtinische Kapelle (Fresken).

6. BASILIKA - seit dem 4. Jh., später mit Querschiff und Vorhalle.

---

7. PIETA - die berühmteste im Petersdom in Rom.

8. ALBRECHT DÜRER - 1471 - 1528, Apostel, Apokalypse, Betende Hände.

9. PUTTEN - mit oder ohne Flügel, eine Art "Kinderengel".

Christliche Symbole

1. Für was steht ein gleichseitiges Dreieck mit einem Auge in der Mitte?

2. Was steht (bes. als Redensart) für: etwas schamhaft verdecken, nicht sehen lassen wollen?

3. Für den Tod und die Auferstehung Jesu steht ein sagenhafter Vogel, der verbrennt und aus der Asche neu ersteht -

---

4. *Für wen steht die spitzohrige, gehörnte Fratze mit Bocksfüßen und Schwanz?*

5. *Was steht für Hoffnung, die sich festmacht, etwa wie ein Schiff festgemacht wird?*

6. *Für welchen Evangelisten steht der Löwe (z. B. im Wappen von Venedig)?*

---

7. Eine Frucht steht für Verlockung, Verführung -

8. Was steht für den Willen Gottes, seinen Bund mit den Menschen zu halten und sie nicht noch einmal umkommen zu lassen?

9. Für die Schnelligkeit, mit der Gottes Wille ausgeführt werden soll, stehen -

1. DREIFALTIGKEIT - ein Gott in drei Personen; allwissend und allgegenwärtig.

2. FEIGENBLATT - Paradiesgeschichte

3. PHÖNIX - aus der ägypt. Sage

---

4. *TEUFEL - seit 12. Jh., zuerst in Frankreich*

5. *ANKER - schon in den Katakomben in Rom*

6. *MARKUS - Ez 1,5 ff: Mensch = Matthäus; Stier = Lukas; Adler = Johannes; Markus in Venedig begraben.*

---

7. APFEL - Paradiesgeschichte, Gotik: "Fürst der Welt".

8. DER REGENBOGEN - Sintflutgeschichte

9. ENGELSFLÜGEL

Östliche Religionen

1. Gesellschaftliche Einteilung der Hindu-Bevölkerung -

2. Indische Konzentrations- und Meditationspraxis, lehrt die Beherrschung von Körper und Geist durch Versenkung und Askese -

3. Turm der buddhistischen Tempel -

----

4. *Hl. Fluß der Hindu, reinigt von allen Sünden -*

5. *Erlösung durch Auslöschen des Ichs nach buddhistischer Lehre -*

6. *Geistlicher Lehrer, bes. bei den Sikhs -*

----

7. Kastenlose Hindus, als "unberührbar" geächtet -

8. Mittelpunkt des Buddhismus in Tibet, Wallfahrtsort und Hauptstadt -

9. Wasserrose als hl. Symbol der Inder -

1. KASTE. Oberste Kaste Brahmanen (Priesterkaste).

2. YOGA. Sanskr.: Anpassung, Übung; Anhänger: Yogi - ähnlich "Zen" in China und Japan.

3. PAGODE

---

4. *GANGES. 2.700 km lang, größtes Delta der Erde.*

5. *NIRWANA. Schon im Leben erreichbar durch völliges Abtöten aller Begierden; "achtteiliger Weg".*

6. *GURU. Auch bei Sekten in Europa.*

---

7. PARIA. Etwa 70 Mill. (in anderen Landesteilen: niedrigste Kaste der Gassenkehrer, Totenverbrenner u. a.)

8. LHASA. 3.630 m ü. M., 50.000 Einwohner (Lamaismus)

9. LOTOS. Auch in Ägypten und China.

Philosophie

1. Wie heißt die Lehre von den sittlichen Werten und Forderungen?

2. Grundrichtung des Denkens, welche die Werte der Menschlichkeit entfalten will -

3. Wie hieß der berühmteste Schüler des Sokrates?

----

4. Wie heißt die Lehre vom folgerichtigen Denken?

5. Annahme einer Zweiheit in der Geistesgeschichte, eines guten und eines bösen Prinzips -

6. Wen sieht man als den größten deutschen Philosophen (zugleich den größten der Neuzeit) an?

----

7. Lehre von der Staatslenkung und den öffentlichen Angelegenheiten -

8. Denkrichtung, die nur gelten läßt, was mit dem Verstand erklärbar ist -

9. Der berühmteste Philosoph des Mittelalters (der Scholastik) -

1. ETHIK. Hergeleitet aus den Wesenheiten der Dinge und ihrer Zuordnung.

2. HUMANISMUS. Vor allem in der Zeit der Renaissance (1500 - 1625).

3. PLATO (427 - 347 v. Chr.). Staatslehre - "platonische Liebe".

---

4. *LOGIK*

5. *DUALISMUS. Besonders verhängnisvoll: Leib und Seele*

6. *IMMANUEL KANT (1724 - 1804 in Königsberg). "Kategorischer Imperativ".*

---

7. POLITIK

8. RATIONALISMUS. 17./18. Jh., Höhepunkt die "Aufklärung

9. THOMAS VON AQUIN. Hl. Dominikanermönch, 1224-74.

Germanischer Glaube

1. Der höchste Gott der Germanen -

2. Die Halle, in der die auf dem Schlachtfeld Gefallenen versammelt und bewirtet wurden -

3. Das Göttergeschlecht der nordischen Sage -

---

4. Nach dem Gott des Donners (und der Naturgewalten) ist ein Wochentag benannt -

5. Nach der Gemahlin Wodans ist ein Wochentag benannt -

6. Die berühmteste Sammlung nordischer Götter- und Heldensagen -

---

7. Nach dem Kriegsgott ist ein Wochentag benannt -

8. Lichtgott -

9. Germanenstamm, der als erster christlich wurde -

1. WODAN (bei den Südgermanen) oder Odin (bei den Nordgermanen)

2. WALHALL(A). Auch die Gedenkstätte für berühmte Deutsche bei Regensburg.

3. ASEN. Stammvater Odin, Göttersitz die Himmelsburg Asgard.

---

4. DONAR. "Donnerstag", nord. Thor

5. FRIJA ODER FRIGG. Danach "Freitag".

6. EDDA. "Ältere" um 900 in Island aufgezeichnet.

---

7. DIU (oder ZIU). Danach "Dienstag (entspr. dem Mars - Tag der Römer) - führte den Vorsitz im Rat der Götter.

8. BALDUR. Vom Feuergott Loki gehaßt und getötet.

9. WESTGOTEN. 4.Jh., nördlich vom unteren Lauf der Donau.

Urkirche

1. Tempel und Statue der Artemis waren eines der 7 Weltwunder. In dieser Stadt gab es um Paulus großen Aufruhr -

2. Petrus taufte den ersten Nichtjuden, einen röm. Hauptmann -

3. Wie hieß der erste Nachfolger des Petrus als Bischof von Rom?

---

4. Durch einen Schiffbruch des Paulus kam das Evangelium auf eine Insel (heute selbst. Staat, Hauptst. La Valetta) -

5. Die Vorsteher der Gemeinden hießen "Presbyter" = Älteste. Welches Wort ist davon hergeleitet?

6. Paulus fand auf einer Missionsreise einen Altar mit der Aufschrift: Einem unbekannten Gott. Wo?

---

7. In Jerusalem wählte die Gemeinde sieben Männer zum Dienst der Nächstenliebe; die Apostel legten ihnen zur Weihe die Hände auf. Wie nannte man sie?

8. 313 endete die röm. Christenverfolgung unter Kaiser Konstantin. Wie hieß der erste Papst der freien Kirche? Sein Fest wird von allen jedes Jahr gefeiert, freilich in Verbindung mit dem nächsten Tag -

9. Ein Mann bot dem Petrus Geld an, um den Hl. Geist spenden zu können. Nach ihm heißt der Kauf oder Verkauf geistlicher Ämter -

1. EPHESUS. (Apg 19,21 ff)

2. CORNELIUS. (in Cäsarea, Apg. 10. Kap.)

3. LINUS

---

4. *MALTA (Apg 28,1)*

5. *PRIESTER*

6. *IN ATHEN (Apg 17,23)*

---

7. DIAKONE (Apg 6. Kap.)

8. SILVESTER (I.) - (314 - 335)

9. SIMONIE (Apg 8,9 ff)

(Fragen siehe nächste Seite)

1. WINFRIED: angelsächsischer Name des Apostels der Deutschen Bonifatius (+ 754) FULDA (2)

2. KILIAN: Irischer Wanderbischof, 689 in WÜRZBURG (3) ermordet, dort als Heiliger besonders verehrt.

3. ULRICH: Bischof von AUGSBURG (1), Verteidiger des Reichs gegen die Ungarn, gestorben am 4. Juli 973.

---

4. MATTHIAS: *Apostel und Martyrer, an Stelle des Judas "den Zwölf zugezählt". Sein Grab in TRIER (6) verehrt.*

5. ALBERT: *Dominikanermönch und Bischof von Regensburg; größter Theologe seiner Zeit, gestorben und begraben 1280 in KÖLN (4), (Papstbesuch).*

6. OTTO: *Apostel der Pommern, Bischof von BAMBERG (5), 30. Juni 1139 gestorben.*

---

7. ELISABETH (von Thüringen), Landgräfin auf der Wartburg; nach ihrer Vertreibung lebte sie in Marburg und starb dort 1231. Grab in MARBURG (9).

8. HILDEGARD (von Bingen), 1098 - 1179, Äbtissin eines Klosters bei BINGEN (8).

9. HEINRICH II., der Heilige regierte 1002 - 1024, mit der heiligen Kunigunde verheiratet. Gründete das Bistum BAMBERG (7), im Dom sein Grab.

Vertauschrätsel
Deutsche Heilige
WER GEHÖRT WOHIN?

1. Winfried   1. Augsburg

2. Kilian   2. Fulda

3. Ulrich   3. Würzburg

---

4. Matthias   4. Köln

5. Albert   5. Bamberg

6. Otto   6. Trier

---

7. Elisabeth   7. Bamberg

8. Hildegard   8. Bingen

9. Heinrich   9. Marburg

VERTAUSCHRÄTSEL
Von wem was?

1. Sonnengesang (Dichtung)
2. Göttliche Komödie (Dichtung)
3. Gottesstaat (Theologie)
4. Matthäus-Passion (Musik)
5. Abendmahl (Gemälde)
6. Apostelgeschichte (Bibel)
7. Messias (Musik)
8. Sixtinische Kapelle (Gemälde)
9. Missa Solemnis (Musik)
10. Geheime Offenbarung (Bibel)

1. Beethoven
2. Leonardo da Vinci
3. Michelangelo
4. Händel
5. Dante
6. Augustinus
7. Johannes
8. Lukas
9. Franz von Assissi
10. Bach

1. SONNENGESANG: Dichtung von Franz von Assisi (9), Stifter des Franziskanerordens (1181 - 1226); Preislied auf die Schöpfung Gottes.

2. GÖTTLICHE KOMÖDIE (La Divina Commedia): Hauptwerk des Dante Alighieri (5), bedeutendste mittelalterliche Dichtung (1265 - 1321); hat für die Entwicklung der italienischen Sprache eine ähnliche Bedeutung wie Luthers Bibelübersetzung für das Hochdeutsche. Visionäre Wanderung durch Hölle, Fegefeuer und Himmel.

3. GOTTESSTAAT: theologisches Hauptwerk des heiligen Augustinus (6), Kirchenlehrer und Bischof von Hippo bei Karthago (354 - 430). Darstellung des Kampfes zwischen dem "Gottesstaat" (Kirche) und dem "Weltstaat" (Antike).

4. MATTHÄUS-PASSION: ein Hauptwerk von Johann Sebastian Bach (10), auch Johannes-Passion, Weihnachtsoratorium und die 6 Brandenburgischen Konzerte (1685 - 1750 in Leipzig).

5. ABENDMAHL: Hauptwerk (neben Mona Lisa) des Leonardo da Vinci (2), Maler, Forscher und Ingenieur in Mailand (1452 - 1519).

6. APOSTELGESCHICHTE: um 85 - 95 von Lukas (8) verfaßte Schrift des NT, die die Ausbreitung des Christentums in der ersten Jüngergeneration beschreibt.

7. MESSIAS: Hauptwerk des Komponisten Georg Friedrich Händel (4), neben "Wassermusik", "Feuerwerkmusik" (1685 - 1759), in London

8. SIXTINISCHE KAPELLE: unter Papst Sixtus IV. gebaute Hauskapelle im Vatikan, Decke und Stirnwand von Michelangelo (3) ausgemalt (1475 - 1564, Hochrenaissance, Pietà im Petersdom)

9. MISSA SOLEMNIS: ein Hauptwerk des Komponisten Ludwig van Beethoven (1), des ersten freischaffenden Musikers (geb. 1770 in Rom, gest. 1827 in Wien).

10. GEHEIME OFFENBARUNG (Apokalypse): letztes Buch des NT, vom Evangelisten Johannes (7) um 95 auf der Insel Patmos verfaßt. Thema: Der Sieg des Gottesreiches über alle Mächte des Bösen.

Aus einer Reisebeschreibung

Bethlehem, in der jüdischen Provinz Galiläa, war eine der Fürstenstädte des Königs Daniel. Es wird schon im Johannes-Evangelium als Geburtsort Jesu genannt.

Bethlehem besitzt eine der berühmtesten Kirchen der Christenheit. Die Türen sind fast zugemauert, denn in der Zeit der Kreuzzüge ritten Kreuzfahrer zu Pferd in die Grabeskirche Jesu; das sollte aufhören. Erbaut wurde das Gotteshaus vom römischen Kaiser Hadrian zum Dank für seine Errettung aus der Hand der Mohammedaner.

Später wurde hier der Kreuzfahrer Karl Martell zum König von Jerusalem gekrönt.

Als im Mittelalter das Dach der Kirche erneuert werden mußte, ließ man das Bauholz mühsam von Venedig durch den Suezkanal herbeischaffen.

Unter der Kirche befindet sich der Stall, eine Höhle, in der nach der Überlieferung Jesus geboren wurde. Dort sollen übrigens auch die Kinder bestattet worden sein, die Pilatus auf der Suche nach dem Jesuskind ermorden ließ; angeblich wurden Knochen von einigen Dutzend Knaben und Mädchen gefunden.

Zeile 1:   es liegt in der Provinz Judäa, 8 km von Jerusalem entfernt.

Zeile 2:   Der König heißt David, nicht Daniel.

Zeile 3:   Das Johannes-Evangelium erwähnt die Geburt Jesu nicht; eine Geburtserzählung gibt es nur im Matthäus- und Lukas-Evangelium.

Zeile 8:   nicht Grabes-, sondern Geburtskirche

Zeile 10: Hadrian war kein Christ (117 - 138 römischer Kaiser)

Zeile 11: Mohammedaner gab es erst im 7. Jahrhundert (622 Beginn der mohammedanischen Zeitrechnung).

Zeile 12: Nicht Karl Martell, fränkischer Herrscher vor Karl dem Großen, 8. Jahrhundert, sondern Gottfried von Bouillon wurde 1099 auf dem 1. Kreuzzug König von Jerusalem.

Zeile 16: Der Suezkanal wurde 1859 - 1869 von Lesseps gebaut.

Zeile 20: Pilatus? Herodes!

Zeile 22: Es ging nur um Knaben; Mädchen waren nicht gesucht.

Nicht ernst gemeint

1. Darf ein Bischof am Karfreitag das Ehesakrament spenden?

2. Welche Tiere brauchte man nicht mit in die Arche zu nehmen?
   (Fische)

3. Ist es in der katholischen Kirche erlaubt, daß jemand die Frau seines verwitweten Bruders, also seine Schwägerin, heiratet?

4. Welcher Heilige wird mit seiner Haushälterin dargestellt?
   (St. Georg, mit einem Drachen)

5. Was haben alle Kinder Adams, was er selbst nicht hatte?
   (Vater und Mutter)

6. Wo liegt ein Mönch neben der Jungfrau, und niemand findet etwas dabei?
   (Im Berner Oberland)

7. Warum brauchte Abraham keinen Käse mit in die Arche zu nehmen?

8. In welchem Alter werden heute Christen im Durchschnitt getauft?

9. Jakobus und Johannes werden im Evangelium die Söhne des Zebedäus genannt. Wie hieß ihr Vater?